칼라판 디카시조집

바람아! 바람아! Ⅲ

윤주동 제5시조집

청옥

책 머리에

　이 밤, 지나는 자동차의 얕은 진동에 창문이 대답한다. 내방에서 자리 잡고 있는 고요까지도 흔든다. 그래도 바람에 흔들릴 때 보다는 순하다. 어젯밤은 세찬 바람에는 마냥 소리치면서 울었는데 …
　나는 오늘도 바람을 만나고 싶어 늦은 밤 잠 자리에 들 줄 모르고 기다림이란 인내를 배워간다. 바람은 어느 때든 나를 책상 앞에 불러 앉히기를 즐겨하지만 가끔은 내가 기다릴 때도 있다. 이미 나의 버릇 속에 자리하고 있다는 증거이기도 하겠다. 또다시 만나게 될 바람은 어떤 모습일까 정말 궁금하기 그지없다. 고요는 다시 시작되고 사진 작업부터 시작한다. 그러고는 사진과 대화를 나누며 바람을 기다려본다.
　머지않아 바람의 시간은 시작될 것이다. 언제나 되풀이 하는 날들이지만 바람은 어떠한 모습으로 내 곁으로 다가올지 다시 궁금증이 재발한다.
　독수리 발끝에서 춤을 추는 컴퓨터자판의 소리만이 적막을 깨운다. 새로운 사진이 탄생되면 그 사진을 좇아 온갖 생각은 달려간다. 심혈을 기울여 엮어가 보련다.

바람아! 바람아! Ⅲ

바스락 속삭임도 뚜벅이 발걸음도
왔다가 떠나가는 아쉬움 쌓아간다
바람은
모른 체하며
장난치듯 베푼다

드높은 하늘에서 변하는 모습 없이
즐기는 그 마음이 도리어 괴롭힘들
바람은
아랑곳없이
제 갈 길로 떠난다

온몸을 움츠리게 소리를 지르다가
젖은 옷 말려주고 미소를 짓다가도
삼동三冬에
덮는 이불도
뚫어버린 저 바람

제2회 남명문학상 전국공모 : 최우수상 수상 작

산해정 굴뚝

선비들 구름처럼
문하에 모여들어

실학에 매진하며
글 읽는 큰 목소리

저 굴뚝
연기 뿜어서
조선인재 키웠다

제1회 신정문학상 : 디카시 부문 최우수상 수상 작

개구리헤엄

하늘은 개었는데
갈 길은 막막하네

배 흉내 내려다가
개구리 헤엄친다

천지가
개벽을 해도
화낸 하늘 못 말려

목 차

- ◆ 책 머리에 ················· 3
- ◆ 바람아! 바람아!Ⅲ ············· 4
- ◆ 산해정 굴뚝(제2회 남명문학상 수상작) ····· 5
- ◆ 개구리헤엄(제1회 신정문학상 수상작) ······ 6

궁금하네 ················· 15
억새밭 석양 ··············· 16
한마음 ·················· 17
강을 건너다 ··············· 18
꽃이란 ·················· 19
세 쌍돛대 ················ 20
천사자매天使姉妹 ············ 21
2체體 1심心 ··············· 22
그리운 초가 ··············· 23
점박이 나비 ··············· 24
황금 강아지 ··············· 25
도로 위 갈매기 ············· 26
광대놀이 ················· 27
바람개비(Ⅱ) ··············· 28
안전봉 ·················· 29
흐르는 봄볕 ··············· 30
윤슬 ··················· 31
송신탑送信塔 ··············· 32
꽃 속의 일꾼 ·············· 33
쌍둥이 섬 ················ 34
저녁놀 ·················· 35

제1부 궁금하네

제2부 하늘다리

하늘다리 ················· 39
강변 코스모스 ············ 40
꽃을 피워 ················ 41
지평선地平線 ············· 42
불꽃이 피다 ·············· 43
거울에 빠지다 ············ 44
화통火桶 ················· 45
옥상 달님 ················ 46
코키아 Kochia ············ 47
자식子息 농사 ············ 48
출렁다리 ················· 49
쌍둥이 자매 ·············· 50
4시 35분 ················· 51
만남의 인사 ·············· 52
밤을 건너다 ·············· 53
용龍솟음 ················· 54
포말泡沫의 길 ············ 55
가을꽃 ··················· 56
붙박이 의자 ·············· 57
외나무다리 ··············· 58
호박 상像 ················ 59

제3부 독불장군

독불장군獨不將軍 ······ 63
초가 마당 ······ 64
기다림의 이유 ······ 65
불꽃 조화造花 ······ 66
숨은 돌섬 ······ 67
한마음(Ⅱ) ······ 68
구름 같은 눈 ······ 69
열대를 부르다 ······ 70
귓속말 ······ 71
촌집 울타리 ······ 72
갈 길 찾기 ······ 73
마지막 잎새 ······ 74
석양을 낚다 ······ 75
하늘 사랑 ······ 76
공든 탑塔 ······ 77
눈물 계곡 ······ 78
바위섬 ······ 79
엄마의 젖가슴 ······ 80
천사의 목욕 ······ 81
설목雪木 ······ 82
그날의 상처傷處 ······ 83

제4부 노을잡기

노을 잡기 ……………………………… 87
이육사(이원록) …………………………… 88
하늘 받치다 …………………………… 89
금샘 ………………………………… 90
물고기 4형제 …………………………… 91
얼어버린 계절 ………………………… 92
터진 분통憤痛 ………………………… 93
꿈을 꾸다 …………………………… 94
수양修養 …………………………… 95
먼 길을 오다 ………………………… 96
담쟁이의 외출 ………………………… 97
가야할 곳(出口) ……………………… 98
꽃을 피우다 ………………………… 99
둘 만의 여유 ………………………… 100
억새바람 …………………………… 101
회상回想에 잠겨 ……………………… 102
장미찬가薔薇讚歌 …………………… 103
세월을 읽다 ………………………… 104
타조의 여행 ………………………… 105
가을을 부르다 ……………………… 106
도공陶工의 하루 …………………… 107

제5부 홀로 날다

홀로 날다 ……………………………… 111
수로다리 ……………………………… 112
금모래 언덕 …………………………… 113
무언의 손짓 …………………………… 114
창밖의 가을 …………………………… 115
자유 수호 ……………………………… 116
단풍 위 가을 ………………………… 117
가을 잔치 ……………………………… 118
물고기의 한때 ………………………… 119
하늘로 가는 문 ……………………… 120
봄 꽃단장 ……………………………… 121
장승도깨비 …………………………… 122
가창오리 떼 …………………………… 123
더 가볍게 ……………………………… 124
저녁을 맞으며 ………………………… 125
고려청자 ……………………………… 126
꿈길의 임 ……………………………… 127
수로의 탄식 …………………………… 128
길고양이 ……………………………… 129
꽃의 계절 ……………………………… 130
억새의 계절(Ⅱ) ……………………… 131
헛꿈 …………………………………… 132

해설ㅣ상생의 시학, 디카시에 사진이 함께 하면
　　／정영자 ……………………………… 133

제1부
궁금하네

궁금하네

마고할미 쌓아놓은
방곡리 공깃돌이

솟는 힘 임을 찾아
하늘로 향해 섰네

다녀간
삼신할미도
찾아줄까 새색시

억새밭 석양

초로의 억새밭에
석양빛 붉게 내려

세월을 한탄하며
바람을 잠재웠다

퇴색된
젊은 날의 꿈
억새위에 누웠다

한마음

외톨이 허전해서
하나를 더한 마음

행복을 불러오는
하나로 합친 마음

한마음
인내 없이는
상생 또한 없는데

강을 건너다

지는 해 잡는다며
찬바람 가는 길을

무작정 따라나선
저 다리 강 건넜다

저 해는
못 본 체하며
제 갈 길에 바쁘다

꽃이란

자신의 아름다움
자랑을 하지마는

남몰래 곪는 사랑
엄마도 그랬단다

사랑의
배를 채우는
그 방법은 달랐다

세 쌍돛대

돛대가 날개 되어
바람을 맞이하면

바다에 미끄러져
날렵한 저 돛단배

앞바다
진풍경 두고
그 어디로 가려나

천사자매 天使姉妹

그립고 그리워서
찾아온 인간세상

무엇을 보았던가
무엇을 느꼈던가

그때는
하도 그리워
생각 없이 왔단다

2체體 1심心

서쪽을 향한 아낙
동쪽을 향한 선비

금슬 좋은 부부인데
등 돌린 까닭 있나

한 번쯤
해보는 행동
두터워진 그 정분

그리운 초가

내 마음 고향에는
초가가 꿈틀댄다

어릴 때 내가 자란
언덕 밑 그 초가집

가슴에
담아두고서
그리움만 키운다

점박이 나비

노랑꽃 다정하게
단둘이 꽃을 피워

숙덕질 즐기는데
나비가 질투하네

자꾸만
숨박질 하잔다
꽃송이에 앉은 채

황금 강아지

바람길 가을 들녘
낙엽에 익어가고

황금 빛 강아지가
가을로 기어든다

내리는
저녁노을을
밤벌레가 반긴다

도로 위 갈매기

도로 위 날아오른
갈매기 세 자매가

자꾸만 머뭇대며
파도를 원망한다

오늘도
거센 파도에
잡은 고기 놓쳤다

광대놀이

얼굴에 분칠하고
연지 찍고 곤지 찍고

모습을 감추려고
호랑이 탈을 썼다

그래도
과잉 분장扮裝엔
안 속는다 절대로

바람개비(Ⅱ)

찾아 온 바람이나
지나칠 바람까지

모두를 다 잡아야
우리가 살아난다

우리는
돌아가야만
임무완수 하는 거야

안전봉

언제든 나만 믿어
네 안전 지켜주마

널 위한 희생정신
하나로 뭉쳐있어

조심은
한평생 길에
길목마다 필요해

흐르는 봄볕

이른 봄 내려와서
어깨에 기대앉는

따스한 볕을 모아
채반에 담아본다

봄볕은
바람이 되어
빠져간다 자꾸만

윤슬

잔물결 햇빛 업고
찬란히 빛을 내고

파도는 옷을 벗고
속살을 드러냈다

등대는
조각배 불러
온 바다를 훔친다

송신탑 送信塔

비행을 준비하는
마음은 설레지만

시청자 찾아가는
두려움 있다 해도

안방에
행복까지도
배달하러 가는 길

꽃 속의 일꾼

없는 꽃 찾아 나선
힘겨운 먹이활동

쉴 여유 없었지만
쉬어 갈 때도 있다

그래도
아무 꽃에나
앉지 않는 벌 장부丈夫

쌍둥이 섬

이마를 맞대보면
형제의 기$_氣$ 흐른다

세파를 이기려고
언제나 함께한다

그 맹세
바다에 흐르면
두려울 것 없겠다

저녁놀

서산을 넘어가는
저 해를 잡고 싶어

해 가는 저 길 따라
대교로 달려간다

노을에
타는 구름만
아름답게 춤춘다

제2부
하늘다리

하늘다리

하늘을 찾아가는
꿈 많은 저 다리가

구름을 불러놓고
갈 길을 물어본다

하늘은
강에 내려가
헤엄치려 하는데

강변 코스모스

들녘에 가을 불러
꽃 피운 코스모스

강물에 젖는 세월
행여나 놓칠세라

눈동자
말똥거리며
사방팔방 살핀다

꽃을 피워

마음을 훔치려면
네 꽃을 피워봐라

황홀한 아름다움
모두가 반할 거야

찾거든
놓치지 마라
네 사랑은 그니까

지평선 地平線

내 꿈이 머무는 곳
그리움 부르는 곳

그 곳은 미지세계
누구나 궁금한 곳

구름은
감추려 한다
끝자락의 모습을

불꽃이 피다

바람의 목말 타고
춤추며 오르는 꽃

정열을 태워놓은
재마저 날려간다

세월이
가든지 말든
한순간의 그 광기

거울에 빠지다

구름과 돛단배가
거울에 빠져들고

저 바람 함께 못해
갈 길을 못 찾는다

태양은
어디론가로
도망질 친 겁쟁이

화통 火桶

통밖에 불을 켜서
화통을 만들었다

보는 이 서로 덤벼
오르고 싶어 한다

숨겨둔
추락할 위험
안중에도 없구나

옥상 달님

저 달님 밤잠 잊고
관음증觀淫症 도졌는가

아파트 집집마다
사연을 다 훔친다

가끔씩
들키지 않게
구름 뒤로 숨는다

코키아 Kochia

청록색 코키아가
꿈을 꾼 빨간 세상

온 세상 물들이다
제 몸이 물들었다

장막 속
세상에 갇혀
정신까지 물 드나

자식子息 농사

실패한 자식농사
부끄럽게 달랑 하나

줄기도 말라버려
어떻게 할 수 없다

그래도
풍년 농사를
두 손 모아 빌었다

출렁다리

사람을 올려놓고
가슴을 활짝 펴고

춤추는 출렁다리
산으로 향해간다

산마루
걸터앉아서
땀을 씻는 저 구름

쌍둥이 자매

그날은 함께 울며
이 세상 태어났다

서로가 양보하며
다르게 자란 몸집

그래도
첫 생각부터
함께하는 행동들

4시 35분

어제의 그 시간을
또 다시 알려준다

인간은 모두가 다
건망증 환자란다

이제는
네 존재조차
잊어질까 두렵다

만남의 인사

간만에 뵙습니다
건강은 어떠세요

등산은 하십니까
건강식 하십니까

건강을
빌어주면서
술 담배를 권한다

밤을 건너다

불 밝힌 밤을 헤쳐
어둑 강 건너간다

태양이 떠오르는
저곳을 향해간다

돌아올
고민 같은 건
아예 하지 않았다

용龍솟음

땅속에 헤엄치다
솟아오른 용 한 마리

누구의 희망되어
용기를 주려는가

지난날
용꿈 꾸어도
되는 일이 없었다

포말泡沫의 길

가끔씩 큰 소리로
바위에 갈 길 묻고

답답해 머릴 받아
퍼렇게 멍도 든다

남몰래
길을 잃거든
저 하늘에 물어라

가을꽃

아침에 눈을 뜨고
거울을 다시 보고

사방을 둘러보며
가을을 불러온다

혹시나
올 것만 같아
옷매무새 고친다

붙박이 의자

수평선 닿기에는
현실이 너무 멀어

가까이 할 수 없는
그리움 쉬고 있다

곁에다
두고 싶은 것
바다밖에 없으랴

외나무다리

원수로 만난 지가
한두 번 아니겠다

찰나를 활용하는
선제적 공격이다

원수를
앞에 두고는
보이는 게 없겠다

호박 상像

호박님 데려와서
석상에 모셔 놨다

누구든 호박이라
홀대를 하지 마라

그래도
지나는 사람
속마음을 다 안다

제3부
독불장군

독불장군 獨不將軍

먼 산은 세월 따라
새 옷을 갈아입고

어깨를 함께하며
가을을 즐기는데

버텨 선
저 푸른 나무
무슨 궁리 중인가

초가 마당

언제나 생각나서
마음이 달려가는

어릴 때 꿈을 키운
포근한 고향 마당

모이를
쪼던 닭들의
울음소리 들린다

기다림의 이유

어둠이 시작되면
내 할 일 시작된다

훤하게 불을 밝혀
내 생을 태우련다

기다림
하나 때문에
외로움도 참는다

불꽃 조화造花

쉼 없이 불을 밝혀
예쁜 꽃 흉내 낸다

벌 나비 꽃을 반겨
꿀 따러 날아온다

벌 나비
꽃구경에 빠져
나갈 길도 못 찾겠네

숨은 돌섬

물 밑에 살짝 숨어
회오리로 당겨간다

맨틀mantle로 빨려들다
도망쳐 나왔는가

그대로
숨어 있다가
적선敵船이나 잡아라

한마음(Ⅱ)

우리의 두 마음을
하나로 엮어 가면

핏줄도 한 줄기로
심장도 함께 뛰지

세파도
저세상까지
함께 헤쳐 가는 거야

구름 같은 눈

하늘을 보았기에
구름을 흉내 낸다

만들고 또 만드는
자신도 못 본 모양

저 모양
지탱하려면
두 다리는 있어야지

열대를 부르다

고향이 열대라서
열대를 그려보며

온대溫帶의 온상溫床 안에
태양을 불러본다

한국의
여름 사랑을
숨길 수도 없었다

귓속말

아무도 못 듣도록
나에게 얘기해 줘

비밀로 간직할 게
숨기란 말 하지 마

영원한
그런 비밀은
이 세상에 없다네

촌집 울타리

내 고향 촌집에는
대나무 심어 길러

북향에 울타리로
찬바람 막아왔다

울 아빠
코고는 소리
대숲에서 들렸다

갈 길 찾기

파도에 묻힌 길을
찾아서 헤매다가

가쁜 숨 몰아쉬며
물 위로 올라왔다

위에서
내려다 본 길
잘 보여도 모르겠네

마지막 잎새

마지막 이별 인사
할 말도 많다지만

꼭 다문 입술 가에
새겨진 여름 추억

형제들
떠난 그 자리
그리움만 남았다

석양을 낚다

세월을 붙잡으려
온종일 헤매다가

낚싯대 들고 나와
석양을 낚는 태공

모른 채
가던 태양도
발걸음을 멈췄다

하늘 사랑

내 힘껏 뻗어본 팔
닿지도 않았지만

오로지 하늘 사랑
한눈도 못 팔았다

말로는
표현을 못해
하트 모양 새겼다

공든 탑塔

그리움 쌓여쌓여
공든 탑 이루었다

쌓인 돌 아우성도
내 귓가 노랫소리

내 꿈도
자꾸 쌓으면
언젠가는 이루리

눈물 계곡

슬픔을 간직한 채
참으며 지낸 세월

이제 와 그 눈물로
하소연 하는구나

이제껏
너 나 할 것 없이
참고 산 게 미덕인 걸

바위섬

바위섬 우뚝 솟아
무슨 말 하려 한다

바다의 거센 파도
나에게 맡겨다오

근엄한
표정 하나로
저 하늘에 외친다

엄마의 젖가슴

자식의 양식으로
부족함 없었지만

그래도 모자랄까
근심과 걱정의 산

끝없는
모정을 품은
우리 엄마 젖가슴

천사의 목욕

깨끗이 씻는다는
오로지 한 생각뿐

생각할 겨를 없이
벗었다 바깥에서

길손은
눈감고 가라
모두 알고 있잖아

설목雪木

함께할 수 없는
둘만의 사이기에

다른 길 바라보며
서로가 꿈을 꾼다

극과 극
봄과 겨울이
계절 두고 다툰다

그날의 상처傷處

바람 속 소리쳐도
아무도 몰랐는데

참아 낸 그 상처가
눈물도 삼켰겠다

내 엄마
굽은 허리가
꺾여진 채 버텼네

제4부
노을 잡기

노을 잡기

이별이 아쉬워서
세월을 원망하며

노을을 잡으려고
멀리서 달려왔다

내일엔
한살 더 먹고
허리 굽어 오겠지

이육사(이원록)

그 이름 이원록을
모두가 기억해도

왜놈은 264번으로
자꾸만 불러댔다

문단에
찬연한 횃불
꺼지지도 않는다

하늘 받치다

가끔씩 무너지는
하늘을 보는 사람

그때는 억장까지
모두 다 무너진다

다리는
우리를 위해
받쳐든다 하늘을

금샘

옛 설화 다시 찾아
샘물에 띄워보네

금어金魚를 길러내는
꿈결의 오색구름

고당봉
손 맞잡을 때
노래하는 금정산

물고기 4형제

물고기 4형제가
대숲을 유영한다

물에서 배가 고파
뭍에서 먹이 찾나

힘들게
먹고사는 건
사람들도 마찬가지

얼어버린 계절

계절이 얼어버린
밤낮이 얼음 세상

생각도 행동들도
말없이 멈춘 세상

세월도
꽁꽁 얼어붙어
옴쩍달싹 못해라

터진 분통 憤痛

이런 일 저런 일들
누구나 힘든 세상

때로는 화가 나도
모두가 참고 살지

얼마나
힘 들었기에
터져버린 저 분통

꿈을 꾸다

제 모습 활짝 피운
8형제 간절한 꿈

언제든 가을이면
바랄 것 없겠단다

형제의
힘을 합치니
못 이룰 일 없겠다

수양修養

인내를 시험하는
세파를 견뎌내고

한곳을 집중하는
수양이 절묘하다

못 돌린
적장의 마음
또 참아야 한단다

먼 길을 오다

흐르는 세월 따라
여기에 왔겠구나

물처럼 마셔버린
시간은 셀 수 없다

뒤돌아
가야할 길을
걱정이나 하는지

담쟁이의 외출

세상이 답답해서
담 넘어 길 나섰다

낯선 곳 친구모아
새 터를 잡으련다

세상에
독불장군은
없다고들 한단다

가야할 곳(出口)

내 꿈을 이루려면
이 발길 가야할 곳

누구든 꿈꾸지만
찾지 못한 출구이다

펼쳐진
자기의 꿈을
보면서도 모른다

꽃을 피우다

내 임이 날 보라고
온 힘 다해 피웠다

언제쯤 오려는가
내 임을 불러본다

꿈마다
만난 임인데
눈을 뜨면 사라져

둘 만의 여유

아무도 오지 않는
한가한 만남이다

둘 만의 비밀스런
유일한 시간이다

마주한
오랜 시간 속
오붓한 적 없었다

억새바람

억새에 머문 바람
먼 길을 떠나간다

이별이 아쉬워서
울면서 떠나간다

지난날
다녀간 태풍
울음소리 닮았네

회상回想에 잠겨

지난 날 그랬듯이
저 바다 가고 싶다

밧줄에 목이 묶여
옛 일만 그려본다

마음도
망망대해를
쏜살같이 가른다

장미찬가薔薇讚歌

계절에 만발하는
내 사랑 그대 장미

만날 때 도도했던
기억이 남아 있어

영롱한
그대의 모습
변함없이 사랑하리

세월을 읽다

변신을 거듭하며
세월에 순응했다

말없이 살았지만
세월은 읽어왔다

나머지
멀고먼 길은
내 뜻대로 살겠다

타조의 여행

투박한 그 다리로
거쳐 온 고비에서

사하라 사막까지
찾지 못한 오아시스

한 모금
물을 찾다가
마르던 목 다 탔다

가을을 부르다

간밤에 들려주던
귀뚜리 노랫소리

춤추던 억새밭에
가을을 찾는 여인

멈춰선
억새 춤사위
낯가림을 하는가

도공陶工의 하루

온종일 불을 때고
물레를 돌려댔다

유약을 바를 때는
세월도 입혀간다

손발의
놀림을 따라
학 한 마리 훨훨 난다

제5부
홀로 날다

홀로 날다

모두가 떠나가도
두렵지 않았던 건

나만이 쌓아놓은
추억의 자리이다

누구나
사랑 하나의
이야기는 있겠지

수로다리

물길을 내주면서
마음도 맡겼는데

노닐던 작은 배는
모두다 어딜 갔나

무심히
흐르는 강물
외로움을 더하네

금모래 언덕

금金모래 쌓인 언덕
목숨 줄 물 한 모금

금金이면 뭘 하겠나
살고나 보아야지

세상은
황금에 빠져
중요한 것 못 보네

무언의 손짓

오가는 길손 중에
그 누굴 유혹하나

홍등도 밝혀놓은
무언의 손짓이다

담 넘는
웃음소리도
유혹하는 한 방법

창밖의 가을

향긋한 단풍내음
사방에 퍼뜨리며

창밖에 물든 가을
내 마음 불러낸다

간밤에
단장한 모습
두 번 세 번 고치며

자유 수호

고갈된 체력으로
모여든 흑 병사들

서로를 위로하며
눈물도 닦아준다

자유를
위해서라면
목숨마저 바친다

단풍 위 가을

높은 산 가뿐 길을
쉼 없이 올라와서

단풍 위 앉은 가을
긴 숨을 내뱉는다

말로만
듣던 단풍 산
꿈길보다 곱구나

가을 잔치

혼례를 올리려고
신부를 모셔왔다

모두가 닮아있어
못 찾은 새 신부다

모두가
다 신부란다
파탄이 난 혼례식

물고기의 한때

때 되면 모여든다
모두가 아는 자리

다정히 식사하고
맴돌며 유영한다

고픈 배
참지 못하면
보이는 게 없겠다

하늘로 가는 문

저 문을 통과하면
만인의 하늘이다

포근히 안아주는
마음에 그렸던 문

하늘은
별과 달까지
품어주며 산다네

봄 꽃단장

강물을 거울삼아
몸단장 끝냈는가

만발한 벚꽃들이
봄 길을 덮어 섰다

지난봄
추억 길 따라
이야기도 찾는다

장승도깨비

이 집을 들려거든
나에게 허락받고

얌전히 들어가라
내 눈은 못 속인다

도깨비
네눈박이다
티끌까지 다 본다

가창오리 떼

물속을 구경하고
물밖에 내민 머리

이끄는 앞잡이의
그림자 밟고 간다

부르는
노랫소리는
같은 악보 음정들

더 가볍게

멀리로 보내놓고
자손을 퍼뜨리려

가볍게 더 가볍게
온몸을 가꾸었다

자식도
곁에 두어야
자식이라 말하면서

저녁을 맞으며

이 시간 기다릴 때
차라리 눈을 감고

당신이 다가오는
소리를 듣고 싶소

때로는
어둠에 묻힌
그 모습도 보고 싶소

고려청자

지나간 고려시대
청자에 녹아든 정

세월을 읽어가며
오늘을 노래한다

내 손길
닿는다 해도
알 수 없는 그 가치

꿈길의 임

스치는 바람결에
누군가 부른 소리

살며시 들려와서
부스스 눈을 떴다

사방을
둘러보아도
간데없는 상춘객

수로의 탄식

물이 갈 길이지만
한 방울 물도 없다

탄식의 길을 따라
세월만 흘러간다

훗날에
태풍에 장마
오는 날이 있는데

길고양이

바닷가 산책 나온
외톨이 길고양이

옛 생각 고향 생각
내일도 걱정이다

엄마가
일러주었던
사냥법도 잊었다

꽃의 계절

사방을 살펴봐도
꽃 속에 묻혔는데

잔걸음 바람마저
발길을 멈추었다

봄볕도
그늘에 갇혀
높은 하늘 그린다

억새의 계절(Ⅱ)

때때로 찾아와서
외로움 달래주는

풀벌레 노랫소리
가을밤 잠재웠다

또다시
외로워져서
감싸 안는 늦가을

헛꿈

번식의 기회라며
심혈을 기울였다

노력의 결과로서
맺어진 씨앗이다

세상에
태어나는 건
하늘 뜻에 달렸다

> 해설

윤주동 다섯권째 시조집『바람아! 바람아! Ⅲ』
- 상생의 시학, 디카시에 사진이 함께 하면

정영자

　윤주동 제2시조집 『길 찾는 바람아』(2020)에서 필자는 〈바람의 시인, 바람의 길을 찾아〉라는 해설을 통하여 아래와 같이 윤동주 시조시인의 시를 읽은 바 있다.

　　"시는 우리를 마비시키는 모든 것에 대한 저항이다. 때문에 시는 생명의 숨결이라고 말할 수 있을 것이다. 바람이 우주의 숨이듯 시는 우리의 마음을 바람처럼 움직여 세상의 생기가 되고 에너지가 된다.
　　기압의 변화로 일어나는 대기의 흐름인 바람은 그 가변성과 역동적인 속성으로 인해 인간의 존재 의미를 일깨워주는 촉매가 되는가 하면 자유와 방황을 상징하는 매개체로 작용한다.
　　윤주동 시조시인의 시조는 바람 이미지, 사랑과 그리움, 성찰과 희망, 해학적 사실성으로 나타나고 있다."

　『바람아! 바람아! Ⅲ』도 안 가는 데 없이 가고 자유롭게 제 갈 길로 떠나는 바람 이미지를 통하여 자유와 독자성, 순환과 상생의 협력을 사진으로 탄력있게 표현하고 있다.
　3장 6귀 45자 내외의 가장 짧은 시의 형식을 갖추고 있지만 시조는 짧은 시의 형식이기에 더욱 강력한 이미지를 구

축하며 시의 효과를 배가시키는 우리의 전통문학형식이다.

　디카시는 디지털 카메라로 자연이나 사물에서 시적 형상을 포착하여 찍은 영상과 함께 문자로 표현한 시다. 마치 화가들이 스케치 여행 도중 순간마다 떠오르는 장면을 포착하듯이 눈에 들어오는 장면을 담는다. 시도 마찬가지로 순간적으로 떠오르는 영감을 카메라로 포착하듯 원고지에 옮긴 것이다. 실시간으로 소통하는 디지털 시대의 새로운 문학장르로 영상과 문자를 하나의 텍스트로 결합한 멀티 언어예술이다.

　2004년 창신대 교수로 재직 중이던 현재 한국디카시연구소 이상옥 시인의 창안으로 시작된 디카시는 2016년부터 문학용어로 등재되고 2018년에는 중고등학교 국어교과서에도 수록되었다. 경남 고성지역을 중심으로 일으킨 지역문화운동의 디카시는 전국적인 이슈가 되고 SNS의 발전으로 예술의 일상화, 일상의 예술화를 주도하는 예술갈래로 각광을 받게 되었다.

　2004년에 발간된 이상옥 시인의 디카시 시집 『고성가도』 이후 짧은 디카시집이 자유롭고 간략한 이미지로 발간되고 많은 시도 발표되고 있다.

　이번에 발간하는 윤주동 시인의 디카 시조집은 여기에 사진 영상을 함께하여 예술의 융합적인 특성을 갖추고 있다. 시조의 전통적 정형양식에 디카로 찍은 사진과 어울려 그 이미지의 선명함이 배가되고 있다.

　뉴미디어 시대의 문학장르 간, 문학과 타장르 간의 경계를 넘어 다양한 대화가 담긴 실험적인 시의 기법은 그 동안 문인들이 수용하고 발표하며 독자들이 즐기는 장르의 변신에 성공하였다.

그의 디카시조는 상생과 협력, 스스로의 탄생, 열정과 절제, 내 다 알고 있다는 철학적 사유를 사진 속에서 녹혀낸 개성 있는 시조집이다.

1. 상생과 협력

외톨이 허전해서
하나를 더한 마음

행복을 불러오는
하나로 합친 마음

한 마음
인내 없이는
상생 또한 없는데
　　　－「한 마음」 전문

개인이면서도 우리라는 동아리 속에서 살 수밖에 없는 인간이기에 절제도 노력도 필요하다. 하나의 룰 속에 양보 없는 탐욕의 시공간은 우리들의 자멸을 강요한다. 때문에 한 마음이라는 융합의 특성이 그 어느 때보다 절실한 시대에 살고 있다.

코로나 19라는 뜻하지 않은 질병의 탄생은 지구촌을 강타한 지 일 년이 된다. 지구촌은 이미 경계는 사라지고 벽

없는 벽으로 질병은 내가 사는 국가나 도시를 넘어 세계를 향하여 전파되고 있다. 터널의 원시인이 아닐진데 인간과 인간의 교류와 만남에는 서로가 지켜야 할 최소한의 규칙이 있고 예의가 있다.

일찍이 부처님께서도 '마음'이 일으키는 삼라만상, 희로애락의 물결에 대하여 말씀하셨다. 독립된 입상으로 만들어진 돌조각은 떼어 놓으면 독립된 조각상이지만 나란히 놓아 마음이 합쳐지면 행복이고 상생이다. 그러나 한 마음으로 이루어 가기 위하여 인내라는 정신의 고아한 발효가 반드시 뒷받침되어야 하는 것이다. 시인은 조각상을 통하여 인내 없이는 한 마음이 있을 수 없다는 것을 간략하게 형상화 시키고 있다.

눈 없는 그냥 둥그런 얼굴의 형체이지만 자세히 보면 서로가 서로를 향한 따뜻한 시선의 오고감을 느낄 수 있게 사진의 구도를 잘 잡았다. 이와 같이 시와 함께 사진의 시적 효과가 잘 나타나야 디카시의 묘미가 살아나는 것이다.

찾아 온 바람이나
지나칠 바람까지

모두를 다 잡아야
우리가 살아난다

우리는
돌아가야만
임무완수 하는 거야
　　－「바람개비(Ⅱ)」전문

바람은 지나치는 모든 바람길이 열려야 바람의 특성이 살아난다. 바람개비는 바람이 불지 않으면 그냥 그대로 부동으로 꼽혀있는 형체이지만 찾아와서 지나치는 바람이 되어야 비로소 움직이기 시작한다. 이 또한 자신 혼자로서는 이루어내지 못한다. 바람이 불어야 자신의 생명이 되살아나 움직이는 동력을 가지게 되는 것이다. 우리들은 내 혼자만의 유아독존이 아니라 나의 새로운 세계를 만들어 가기 위하여 바람 이미지인 너의 협력이 필요한 것이다. 시적 내용과 사진의 선택이 딱 맞아 떨어지는 디카의 효용성을 시인은 잘 활용하고 있다.

우리의 두 마음을
하나로 엮어 가면

핏줄도 한 줄기로
심장도 함께 뛰지

세파도
저세상까지
함께 헤쳐 가는 거야
　　　－「한마음(Ⅱ)」전문

나신의 적절한 포옹을 원용하여 시인은 피가 통하고 심장이 뛰는 두 사람의 호흡을 표현하고 있다. 두 마음이 하나로 엮어져서 생명의 피가 흐르는 지순지고의 현장을 사진 한 장으로 묘사하고 있다. 하나로 통하는 그 마음으로 어떠한

어려움이라도 함께 헤쳐갈 수 있다는 단단한 결의를 시 한 편에 놓인 나신의 조각상으로 넉넉하게 표현하고 있다. 독자와의 거리를 좁힐 수 있는 기법의 세련미를 만난다.

2. 스스로의 탄생

가끔씩 큰 소리로
바위에 갈 길 묻고

답답해 머릴 받아
퍼렇게 멍도 든다

남몰래
길을 잃거든
저 하늘에 물어라
　　－「포말泡沫의 길」전문

 순간적으로 드러나는 시의 형상을 포착하기는 어렵다. 원래 시는 오래 머무르고 기다려주지 않는다. 미확인 비행물체처럼 번쩍하고 순간적으로 사라져 버릴 때가 많다. 사진 역시 마찬가지다. 역동적인 파도의 순간을 잡기가 어렵다 그러나 윤주동 시인은 구도를 잘 잡았다. 여기에 파도에 씻긴 바위의 젖은 형상도 잘 표현하고 있다. 영상과 달리 사진은 움직이지 못하고 정지된 상태이기 때문에 움직이는 영상보다 그 표현은 한계가 있다. 그럼에도 반사된 태양의 빛을 받아들이며 포말의 순간을 최대한 잡아내고 있다.

갈 길을 몰라 암담한 처지를 퍼렇게 멍이 들도록 바위에 머리를 박는 포말의 한계를 시와 사진으로 표현한 것이다. 머리를 쳐박고 어디를 어떻게 가야 하느냐고 하늘에 물어라는 시적 화자의 절규는 간결하고 엄혹하지만 햇살처럼 따뜻한 이미지로 분위기를 띄우고 있다.

세월을 붙잡으려
온종일 헤매다가

낚싯대 들고 나와
석양을 낚는 태공

모른 채
가던 태양도
발걸음을 멈췄다
- 「석양을 낚다」 전문

한 세월을 지나온 삶들은 아마도 철학가의 입장에 이른 것 같다. 대부분 삶에 대한 여유를 느낀다. 그리고 그 삶을 오롯이 자기 안에서 발효시키고 인생을 정리해 간다. 때문에 객기로 시를 쓰는 젊은이들의 시보다 세월을 삭힌 나이에 이르는 시인들의 시가 훨씬 인간에 대한 진솔한 이야기를 들을 수 있는 것이다. 젊은 한 시절 세월을 잡겠다고 동분서주하던 시간을 보내고 낚싯대 들고 나간다. 바닷가에서 고기보다 무심한 석양의 의미를 천착하는 시적 화자에게 넘어가던 석양도 잠깐 발걸음을 멈추어 삶의 철학에 공

감하는 이미지를 심화시키고 있다.

3. 열정과 절제

초로의 억새밭에
석양빛 붉게 내려

세월을 한탄하며
바람을 잠재웠다

퇴색된
젊은 날의 꿈
억새위에 누웠다
　　－「억새밭 석양」 전문

「억새밭 석양」은 참으로 부드럽고 아름답다. 문자 없이도 사진 한 장으로 젊음과 한 낮의 땀 어린 수고를 이겨낸 자의 넉넉하게 넘치는 감사와 사랑을 읽을 수 있다. 여기에 억새밭의 억새를 초로로 표현하고 바람을 잠재운 지나간 세월을 회상하는 젊은 날의 시공간이 오버랩되고 있다. 다섯 공간으로 분류된 억새, 숲, 산, 노을과 지는 해, 회색빛 하늘, 얇게 푸른 하늘로 이어지는 선線은 오른쪽에서 왼쪽으로 흐르면서 살짝 산 넘어가는 태양을 멋진 선분으로 그려내고 있다.

　사진은 그림의 형태로 나타나지만 말이라고 할 수 있다. 어느 시각 매체보다도 지시적 기능이 강하다. 사물을 사진

만큼 구체적으로 정확히 묘사해 낼 수 있는 매체는 없다. 그림으로 그릴 수도 있지만, 그림솜씨가 서투르면 사물이 다르게 보일 수도 있기 때문이다. 하지만 사진은 보이는 대로 찍히기 때문에 이 구체적 지시성이 사진을 어느 시각 매체보다 가장 말에 가까운 것으로 이해하게 해준다. 때문에 표현된 모든 것은 전부 언어로서의 기능을 지니고 있다.

다른 예술도 무엇을 표현하고 전달하고자 하는 내용을 가지고 있다면 그것은 이미 전달 곧 커뮤니케이션으로서의 언어의 기본적 기능을 가지고 있음을 뜻하는 것이다.

4. 내 다 알고 있다

서쪽을 향한 아낙
동쪽을 향한 선비

금슬 좋은 부부인데
등 돌린 까닭 있나

한 번쯤
해보는 행동
두터워진 그 정분
— 「2체體 1심心」 전문

갈등이라고 하는 말은 결국 풀어가야 할 우리들 삶의 명제이면서 소소한 일상의 재미까지 포함한다. 부부의 의미를 확실하게 보여주는 철재 조각상이다. 두 몸이 한 마음

141

이 되는 시적 형상화를 통하여 남인 듯하지만 한 옷 속의 부부임을 보여주는 조각예술이다.

　우리는 이미지시대에 살고 있다. 현대 우리의 삶에서 이미지가 가장 지배적인 커뮤니케이션 수단이 되었음을 의미한다. 이미지를 제작하고 그 이미지를 통해 스스로를 바라보는 일은 우리 삶의 일부를 이루고 있다.

　영상은 현실을 드러내 보이기도 하지만, 때로는 현실을 감추기도 한다. 영상은 대상의 모습을 구체적으로 묘사함으로써 실제로 지금 여기에는 볼 수 없는 무엇을 우리에게 보여준다. 더 잘 접근할 수 있게 해주고 더 쉽게 이해할 수 있게 한다.

　부부의 표나지 않은 듯 표나고 있는 감정의 다양함을 겉옷의 공유를 통하여 이미지화하고 있다. 시각적으로 현실을 보여주는 것뿐만 아니라, 시나 음악을 접할 때 떠오르는 마음속의 이미지인 심상까지 포함한다. 따라서 영상은 우리가 눈으로 지각하는 그 이상을 나타낸다.

　윤주동 시인의 디카시는 문자로 전하지 못하는 더 확실하고 은은한 심상의 이미지까지 표현하는 독자 중심주의 시의 독법을 보여주고 있다.

| 정영자(鄭英子) |
통영출신, 문학평론가
현) 한국문인협회 고문

윤주동 제5시조집
바람아! 바람아! Ⅲ

인쇄일: 2022년 10월 15일
발행일: 2022년 10월 20일

지은이: 윤주동
펴낸이: 최경식
펴낸곳: 청옥출판사
인쇄처: 세종문화사

등록번호 제10-11-05호
E-mail: sik62001@hanmail.net
전화: 051-517-6068

값 15,000원

ISBN 979-11-91276-33-6 03810

* 이 책의 무단전재 및 복제행위는 저작권법에 의거, 처벌의 대상이 됩니다.